**ZUM ABSCHIED · ZUR WIEDERKEHR**

# ZUM ABSCHIED ZUR WIEDERKEHR

Text von Hermann Hesse

Mit 28 Reproduktionen nach Photographien von
Willy Puchner

Edition Christian Brandstätter

Für meine Eltern

# Bauernhaus

Bei diesem Hause nehme ich Abschied. Lange werde ich kein solches Haus mehr zu sehen bekommen. Denn ich nähere mich dem Alpenpaß, und hier nimmt die nördliche, deutsche Bauart ein Ende, samt deutscher Landschaft und deutscher Sprache.
Wie schön ist es, solche Grenzen zu überschreiten! Der Wanderer ist in vielen Hinsichten ein primitiver Mensch, so wie der Nomade primitiver ist als der Bauer. Die Überwindung der Seßhaftigkeit aber und die Verachtung der Grenzen machen Leute meines Schlages trotzdem zu Wegweisern in die Zukunft. Wenn es viele Menschen gäbe, in denen eine so tiefe Verachtung für Landesgrenzen lebte wie in mir, dann gäbe es keine Kriege und Blockaden mehr. Es gibt nichts Gehässigeres als Grenzen, nichts Stupideres als Grenzen. Sie sind wie Kanonen, wie Generale: solange Vernunft, Menschlichkeit und Friede herrscht, spürt man nichts von ihnen und lächelt über sie – sobald aber Krieg und Wahnsinn ausbricht, werden sie wichtig und heilig. Wie sind sie uns Wanderern in den Kriegsjahren zur Pein und zum Kerker geworden! Der Teufel hole sie!
Ich zeichne das Haus in mein Notizbuch, und mein Auge nimmt von deutschem Dach, deutschem Gebälk und Giebel, von mancher Traulichkeit und Heimatlichkeit Abschied. Noch einmal liebe ich all dies Heimatliche mit verstärkter Innigkeit, weil es zum Abschied ist. Morgen werde ich andere Dächer, andere Hütten lieben. Ich werde nicht, wie es in Liebesbriefen heißt, mein Herz hier zurücklassen. O nein, ich werde mein Herz mitnehmen, ich brauche es auch drüben über den Bergen, zu jeder Stunde.

Denn ich bin ein Nomade, kein Bauer. Ich bin ein Verehrer der Untreue, des Wechsels, der Phantasie. Ich halte nichts davon, meine Liebe an irgendeinen Fleck der Erde festzunageln. Ich halte das, was wir lieben, immer nur für ein Gleichnis. Wo unsere Liebe hängenbleibt und zur Treue und Tugend wird, da wird sie mir verdächtig. Wohl dem Bauern! Wohl dem Besitzenden und Seßhaften, dem Treuen, dem Tugendhaften! Ich kann ihn lieben, ich kann ihn verehren, ich kann ihn beneiden. Aber ich habe mein halbes Leben daran verloren, seine Tugend nachahmen zu wollen. Ich wollte sein, was ich nicht war. Ich wollte zwar ein Dichter sein, aber daneben doch auch ein Bürger. Ich wollte ein Künstler und Phantasiemensch sein, dabei aber auch Tugend haben und Heimat genießen. Lange hat es gedauert, bis ich wußte, daß man nicht beides sein und haben kann, daß ich Nomade bin und nicht Bauer, Sucher und nicht Bewahrer. Lange habe ich mich vor Göttern und Gesetzen kasteit, die doch für mich nur Götzen waren. Dies war mein Irrtum, meine Qual, meine Mitschuld am Elend der Welt. Ich vermehrte Schuld und Qual der Welt, indem ich mir selbst Gewalt antat, indem ich den Weg der Erlösung nicht zu gehen wagte. Der Weg der Erlösung führt nicht nach links und nicht nach rechts, er führt ins eigene Herz, und dort allein ist Gott, und dort allein ist Friede.

Von den Bergen weht ein feuchter Fallwind mir vorüber, jenseits blicken blaue Himmelsinseln auf andere Länder nieder. Unter jenen Himmeln werde ich oftmals glücklich sein, oft auch Heimweh haben. Der vollkommene Mensch meiner Art, der reine Wanderer, müßte das Heimweh nicht kennen. Ich kenne es, ich bin nicht vollkommen, und ich strebe auch nicht es zu sein. Ich will mein Heimweh kosten, wie ich meine Freuden koste.

Dieser Wind, dem ich entgegensteige, duftet wunderbar nach Jenseits und Ferne, nach Wasserscheide und Sprachgrenze, nach Gebirge und Süden. Er ist voll Versprechung. Lebe wohl, kleines Bauernhaus und heimatliche Landschaft! Von dir nehme ich Abschied wie ein Jüngling von der Mutter: er weiß, es ist Zeit für ihn, von der Mutter fort zu gehen, und er weiß auch, daß er sie niemals ganz und gar verlassen kann, ob er auch wollte.

# Pfarrhaus

An diesem schönen Hause vorüberwandern, das gibt einem einen Hauch von Sehnsucht und Heimweh, von Sehnsucht nach Stille, Ruhe und Bürgertum, Heimweh nach guten Betten, Gartenbank und Düften einer feinen Küche, dazu auch nach Studierzimmer, Tabak, alten Büchern. Und wie sehr habe ich in meiner Jugend die Theologie verachtet und verspottet! Sie ist, wie ich heute weiß, eine Gelehrsamkeit voll Anmut und Zauber, sie hat es nicht mit Lumpereien zu tun wie Metern und Zentnern, auch nicht mit schnöder Weltgeschichte, worin beständig geschossen, Hoch gerufen und verraten wird, sondern sie befaßt sich zart und fein mit innigen, lieben, seligen Dingen, mit Gnade und Erlösung, mit Engeln und Sakramenten.
Wunderbar wäre es für einen Menschen wie mich, hier drin zu wohnen und Pfarrer zu sein. Gerade für einen Menschen wie mich! Wäre ich nicht der Mann dazu, hier in einem feinen schwarzen Hausrock hin und wider zu gehen, die Birnenspaliere im Garten zärtlich und doch wieder nur geistig und gleichnisweise zu lieben, Sterbende im Dorf zu trösten, in alten lateinischen Büchern zu lesen, der Köchin milde Befehle zu erteilen und am Sonntag mit einer guten Predigt im Kopf über die Steinfliesen nach der Kirche hinüber zu wandeln?
Bei schlechtem Wetter würde ich gewaltig einheizen und mich hin und wieder an einen der grünen oder bläulichen Kachelöfen lehnen, dazwischen auch mich ans Fenster stellen und den Kopf zu diesem Wetter schütteln.
Bei schönem Sonnenwetter hingegen würde ich viel im Garten sein, an den Spalieren

schneiden und binden, oder am offenen Fenster stehen, nach den Bergen blicken, wie sie aus dem Grau und Schwarz wieder rosig und glühend werden. Ach, ich würde mit tiefer Teilnahme jedem Wanderer nachblicken, der an meinem stillen Haus vorüberzöge, ich würde ihm mit zarten und wohlwollenden Gedanken folgen, und auch mit Sehnsucht, denn er hat doch das bessere Teil erwählt, der wirklich und ehrlich ein Gast und Pilger auf Erden ist, statt wie ich den Seßhaften und Herrn zu spielen.

Ein solcher Pfarrer würde ich vielleicht sein. Vielleicht auch würde ich ein anderer sein, würde im düstern Studierzimmer mir die Nächte mit schwerem Burgunder vertreiben und mit tausend Teufeln mich herumhauen, oder ich würde nachts aus Angstträumen aufschrecken, weil die Gewissensfurcht über heimliche Sünden mit meinen Beichtmädchen mich auftriebe. Oder ich würde mein grünes Gartentor verschlossen halten, und den Mesner läuten lassen, und mich den Teufel um mein Amt und um mein

Dorf und um die Welt bekümmern, würde auf einem breiten Kanapee liegen, rauchen und wahnsinnig faulenzen. Abends zu faul, um mich auszuziehen, morgens zu faul, um aufzustehen.

Kurz, ich würde eigentlich in diesem Hause kein Pfarrer sein, sondern derselbe unstete und harmlose Wanderer wie jetzt, ich würde niemals Pfarrer sein, sondern bald phantastischer Theolog, bald Feinschmecker, bald stinkfaul und hinter den Weinflaschen her, bald auf junge Mädchen versessen, bald Dichter und Mime, bald heimwehkrank mit Angst und Weh im armen Herzen.

Darum ist es nun einerlei, ob ich das grüne Tor und die Spalierbäume, den hübschen Garten und das hübsche Pfarrhaus von außen oder innen anschaue, ob meine Sehnsucht von der Straße zu dem stillen geistlichen Herrn durchs Fenster hinein, oder ob sie aus dem Fenster mit Neid und Sehnsucht zu den Wanderern herausschaut. Es ist völlig einerlei, ob ich hier Pfarrer bin oder Vagabund auf der Straße. Es ist alles völlig einerlei, bis auf einiges wenige, woran mir allerdings sehr stark gelegen ist. Daß ich das Leben in mir zucken spüre, sei's auf der Zunge oder an den Sohlen, sei's in Wollust oder in Qualen, daß meine Seele beweglich sei und mit hundert Phantasiespielen in hundert Formen sich hineinstehlen könne, in Pfarrherren und Wanderer, in Köchinnen und Mörder, in Kinder und Tiere, namentlich auch in Vögel, und auch in Bäume, das ist wesentlich, das will und brauche ich zum Leben, und wenn es einmal damit nichts mehr sein sollte und ich auf ein Leben in der sogenannten „Wirklichkeit" angewiesen wäre, dann werde ich lieber sterben.

Ich habe mich an den Brunnen gelehnt und das Pfarrhaus abgezeichnet, mit der grünen Tür, die mir eigentlich von allem am besten gefällt, und mit dem Kirchturm dahinter. Es ist möglich, daß ich die Tür grüner gemacht habe als sie ist, und den Kirchturm in die Länge gezogen. Die Hauptsache ist, daß ich eine Viertelstunde in diesem Hause Heimat hatte. Ich werde nach diesem Pfarrhaus, das ich nur von außen sah und in dem ich keinen Menschen kenne, einmal Heimweh haben wie nach einer richtigen Heimat, wie nach den Orten, an denen ich ein Kind und glücklich war. Denn auch hier war ich ja, eine Viertelstunde lang, ein Kind und glücklich.

# Gehöft

Wenn ich diese gesegnete Gegend am Südfuß der Alpen wieder sehe, dann ist mir immer zumute, als kehre ich aus einer Verbannung heim, als sei ich endlich wieder auf der richtigen Seite der Berge. Hier scheint die Sonne inniger, und die Berge sind röter, hier wächst Kastanie und Wein, Mandel und Feige, und die Menschen sind gut, gesittet und freundlich, obwohl sie arm sind. Und alles, was sie machen, sieht so gut, so richtig und freundlich aus, als sei es von Natur so gewachsen. Die Häuser, Mauern, Weinbergtreppen, Wege, Pflanzungen und Terrassen, alles ist weder neu noch alt, alles ist, als sei es nicht erarbeitet, erklügelt und der Natur abgelistet, sondern entstanden wie Fels, Baum und Moos. Weinbergmauer, Haus und Hausdach, alles ist vom selben braunen Gneisgestein gemacht, alles paßt brüderlich zueinander. Nichts sieht fremd, feindlich und gewaltsam aus, alles scheint vertraulich, heiter, nachbarlich.
Setze dich nieder, wo du willst, auf Mauer, Fels oder Baumstumpf, auf Gras oder Erde: überall umgibt dich ein Bild und Gedicht, überall klingt die Welt um dich her schön und glücklich zusammen.
Hier ist ein Gehöft, wo arme Bauern wohnen. Sie haben kein Rindvieh, nur Schwein, Ziege und Huhn, sie pflanzen Wein, Mais, Obst und Gemüse. Das ganze Haus ist aus Stein, auch Böden und Treppen, zum Hofe führt eine behauene Stufe zwischen zwei Steinsäulen. Überall blaut zwischen Gewächs und Gestein der See herauf.
Die Gedanken und Sorgen scheinen jenseits der Schneeberge liegengeblieben zu sein. Zwischen gequälten Menschen und häßlichen Sachen denkt und sorgt man so viel! Es ist

dort so schwer, und so verzweifelt wichtig, eine Rechtfertigung des Daseins zu finden. Wie sollte man denn sonst leben? Vor lauter Unglück wird man tiefsinnig. – Hier aber sind keine Probleme, das Dasein bedarf keiner Rechtfertigung, die Gedanken werden zum Spiel. Man empfindet: die Welt ist schön, und das Leben ist kurz. Nicht alle Wünsche ruhen; ich möchte ein paar Augen mehr, eine Lunge mehr haben. Ich strecke die Beine ins Gras und wünsche, sie möchten länger sein.

Ich möchte ein Riese sein, dann läge ich mit dem Kopfe nah am Schnee auf einer Alp zwischen den Ziegen, und meine Zehen unten plätscherten im tiefen See. So läge ich und stünde nimmer auf, zwischen meinen Fingern wüchse Gesträuch, in meinem Haar Alpenrosen, meine Knie wären Vorgebirge, auf meinem Leibe stünden Weinberge, Häuser und Kapellen. So liege ich zehntausend Jahre, blinzle in den Himmel, blinzle in den See. Wenn ich niese, gibt es ein Gewitter. Wenn ich drüber hauche, schmilzt der Schnee, und Wasserfälle tanzen. Wenn ich sterbe, stirbt die ganze Welt. Dann fahre ich übers Weltmeer, eine neue Sonne zu holen.

Wo werde ich diesen Abend schlafen? Einerlei! Was macht die Welt? Sind neue Götter erfunden, neue Gesetze, neue Freiheiten? Einerlei! Aber daß hier oben noch eine Primel blüht und Silberpelzchen auf den Blättern trägt, und daß der leise süße Wind dort unten in der Pappel singt, und daß zwischen meinem Auge und dem Himmel eine dunkelgoldene Biene schwebt und summt – das ist nicht einerlei. Sie summt das Lied vom Glück, sie summt das Lied von der Ewigkeit. Ihr Lied ist meine Weltgeschichte.

# Bewölkter Himmel

Zwischen den Felsen blühen kleine Zwergenkräuter. Ich liege und blicke in den abendlichen Himmel, der seit Stunden sich langsam mit kleinen, stillen, wirren Wölkchen überzieht. Dort oben müssen Winde gehen, von denen man hier nichts spürt. Sie weben die Wolkenfäden wie Garn.
Wie das Verdunsten und das Wiederherabregnen des Wassers über der Erde in einem gewissen Rhythmus erfolgt, wie die Jahreszeiten oder Ebbe und Flut ihre festen Zeiten und Folgen haben, so geht alles auch in unsrem Innern gesetzlich und in Rhythmen vor sich. Es gibt einen Professor Fließ, der gewisse Zahlenfolgen herausgerechnet hat, um die periodische Wiederkehr der Lebensvorgänge zu bezeichnen. Es klingt wie Kabbala, aber vermutlich ist auch Kabbala Wissenschaft. Daß sie von den deutschen Professoren belächelt wird, spricht sehr für sie.
Die dunkle Welle in meinem Leben, die ich fürchte, kommt auch mit einer gewissen Regelmäßigkeit. Ich kenne die Daten und Zahlen nicht, ich habe niemals ein fortlaufendes Tagebuch geführt. Ich weiß nicht und will nicht wissen, ob die Zahlen 23 und 27, oder irgendwelche anderen Zahlen damit zu tun haben. Ich weiß nur: Von Zeit zu Zeit erhebt sich in meiner Seele, ohne äußere Ursachen, die dunkle Welle. Es läuft ein Schatten über die Welt, wie ein Wolkenschatten. Die Freude klingt unecht, die Musik schal. Schwermut herrscht, Sterben ist besser als Leben. Wie ein Anfall kommt diese Melancholie von Zeit zu Zeit, ich weiß nicht in welchen Abständen, und überzieht meinen Himmel langsam mit Gewölk. Es beginnt mit Unruhe im Herzen,

mit Vorgefühl von Angst, wahrscheinlich mit nächtlichen Träumen. Menschen, Häuser, Farben, Töne, die mir sonst gefielen, werden zweifelhaft und wirken falsch. Musik macht Kopfweh. Alle Briefe wirken verstimmend und enthalten versteckte Spitzen. In diesen Stunden zum Gespräch mit Menschen gezwungen zu sein, ist Qual und führt unvermeidlich zu Szenen. Diese Stunden sind es, wegen deren man keine Schießwaffen besitzt; sie sind es, in denen man sie vermißt. Zorn, Leid und Anklage

richten sich gegen alles, gegen Menschen, gegen Tiere, gegen die Witterung, gegen Gott, gegen das Papier des Buches, in dem man liest, und gegen den Stoff des Kleides, das man anhat. Aber Zorn, Ungeduld, Anklage und Haß gelten nicht den Dingen, sie kehren von ihnen allen zurück zu mir selbst. Ich bin es, der Haß verdient. Ich bin es, der Mißklang und Häßlichkeit in die Welt bringt.
Ich ruhe heut von einem solchen Tage aus. Ich weiß, daß nun eine Weile Ruhe zu erwarten ist. Ich weiß, wie schön die Welt ist, daß sie für mich zu Stunden unendlich

schöner ist als für irgend jemand sonst, daß die Farben süßer klingen, die Luft seliger rinnt, das Licht zärtlicher schwebt. Und ich weiß, daß ich das bezahlen muß durch die Tage, wo das Leben unerträglich ist. Es gibt gute Mittel gegen die Schwermut: Gesang, Frömmigkeit, Weintrinken, Musizieren, Gedichtemachen, Wandern. Von diesen Mitteln lebe ich, wie der Einsiedler vom Brevier lebt. Manchmal scheint mir, die Schale habe sich gesenkt und meine guten Stunden seien zu selten und zu wenig gut, um die üblen noch aufzuwiegen. Zuweilen finde ich im Gegenteil, daß ich Fortschritte gemacht habe, daß die guten Stunden zu- und die bösen abgenommen haben. Was ich niemals wünsche, auch in den schlechtesten Stunden nicht, das ist ein mittlerer Zustand zwischen Gut und Schlecht, so eine laue erträgliche Mitte. Nein, lieber noch eine Übertreibung der Kurve – lieber die Qual noch böser, und dafür die seligen Augenblicke noch um einen Glanz reicher!

Abklingend verläßt mich die Unlust, Leben ist wieder hübsch. Himmel ist wieder schön, Wandern wieder sinnvoll. An solchen Tagen der Rückkehr fühle ich etwas von Genesungsstimmung: Müdigkeit ohne eigentlichen Schmerz, Ergebung ohne Bitterkeit, Dankbarkeit ohne Selbstverachtung. Langsam beginnt die Lebenslinie wieder zu steigen. Man summt wieder einen Liedervers. Man bricht wieder eine Blume ab. Man spielt wieder mit dem Spazierstock. Man lebt noch. Man hat es wieder überstanden. Man wird es auch nochmals überstehen, und vielleicht noch oft.

Es wäre mir ganz unmöglich zu sagen, ob dieser bewölkte, still in sich bewegte, vielfädige Himmel sich in meiner Seele spiegelt oder umgekehrt, ob ich von diesem Himmel nur das Bild meines Inneren ablese. Manchmal wird das alles so völlig ungewiß! Es gibt Tage, an denen bin ich überzeugt, daß kein Mensch auf Erden gewisse Luft- und Wolkenstimmungen, gewisse Farbenklänge, gewisse Düfte und Feuchtigkeitsschwankungen so fein, so genau und so treu beobachten könne wie ich mit meinen alten, nervösen Dichter- und Wanderersinnen. Und dann wieder, so wie heute, kann es mir zweifelhaft werden, ob ich überhaupt je etwas gesehen, gehört und gerochen habe, ob nicht alles, was ich wahrzunehmen meine, bloß das nach außen geworfene Bild meines inneren Lebens sei.

# Kleine Freuden

Große Teile des Volkes leben in unserer Zeit in freudloser und liebloser Dumpfheit dahin. Feine Geister empfinden unsere unkünstlerischen Lebensformen drückend und schmerzlich und ziehen sich vom Tage zurück. In Kunst und Dichtung ist nach der kurzen Periode des Realismus überall ein Ungenügen zu spüren, dessen deutlichste Symptome das Heimweh nach der Renaissance und die Neuromantik sind.
„Euch fehlt der Glaube!" ruft die Kirche, und „Euch fehlt die Kunst!" ruft Avenarius. Meinetwegen. Ich meine, uns fehlt es an Freude. Der Schwung eines erhöhten Lebens, die Auffassung des Lebens als eine fröhliche Sache, als ein Fest, das ist es doch im Grunde, womit uns die Renaissance so blendend anzieht. Die hohe Bewertung der Minute, die Eile, als wichtigste Ursache unserer Lebensform, ist ohne Zweifel der gefährlichste Feind der Freude. Mit sehnsüchtigem Lächeln lesen wir die Idyllen und empfindsamen Reisen vergangener Epochen. Wozu haben unsere Großväter nicht Zeit gehabt? Als ich einmal Friedrich Schlegels Ekloge auf den Müßiggang las, konnte ich mich des Gedankens nicht erwehren: Wie würdest du erst geseufzt haben, wenn du unsere Arbeit hättest tun müssen!
Daß diese Eiligkeit unseres heutigen Lebens uns von der frühesten Erziehung an angreifend und nachteilig beeinflußt hat, erscheint traurig, aber notwendig. Leider aber hat sich diese Hast des modernen Lebens längst auch unserer geringen Muße bemächtigt; unsere Art zu genießen, ist kaum weniger nervös und aufreibend als der Betrieb unserer Arbeit. „Möglichst viel und möglichst schnell" ist die Losung. Daraus folgt immer mehr Vergnügung und immer weniger Freude. Wer je ein großes Fest in

Städten oder gar Großstädten angesehen hat, oder die Vergnügungsorte moderner Städte, dem haften diese fieberheißen, verzerrten Gesichter mit den starren Augen schmerzlich und ekelhaft im Gedächtnis. Und diese krankhafte, von ewigem Ungenügen gestachelte und dennoch ewig übersättigte Art, zu genießen, hat ihre Stätte auch in den Theatern, in den Opernhäusern, ja in den Konzertsälen und Bildergalerien. Eine moderne Kunstausstellung zu besuchen, ist gewiß selten ein Vergnügen.

Von diesen Übeln bleibt auch der Reiche nicht verschont. Er könnte wohl, aber er kann nicht. Man muß mitmachen, auf dem laufenden bleiben, sich auf der Höhe halten. So wenig als andere weiß ich ein Universalrezept gegen diese Mißstände. Ich möchte nur ein altes, leider ganz unmodernes Privatmittel in Erinnerung bringen: Mäßiger Genuß ist doppelter Genuß. Und: Übersehet doch die kleinen Freuden nicht!

Also: Maßhalten. In gewissen Kreisen gehört Mut dazu, eine Premiere zu versäumen. In weiteren Kreisen gehört Mut dazu, eine literarische Novität einige Wochen nach ihrem Erscheinen noch nicht zu kennen. In den allerweitesten Kreisen ist man blamiert, wenn man die heutige Zeitung nicht gelesen hat. Aber ich kenne einige, welche es nicht bereuen, diesen Mut gehabt zu haben.

Wer einen abonnierten Sitz im Theater hat, der glaube nicht etwas zu verlieren, wenn er nur jede zweite Woche einmal davon Gebrauch macht. Ich garantiere ihm: er wird gewinnen.

Wer gewohnt ist, Bilder in Masse zu sehen, der versuche einmal, falls er dazu noch fähig ist, eine Stunde oder mehr vor einem einzelnen Meisterwerk zu verweilen und sich damit für diesen Tag zu begnügen. Er wird dabei gewinnen.

Ebenso versuche es der Vielleser usw. Er wird sich einigemal ärgern, über etwas Neues nicht mitreden zu können. Er wird einigemal Lächeln erregen. Aber bald wird er selber lächeln und es besser wissen. Und jedermann, der zu keiner andern Beschränkung sich verstehen mag, versuche es mit der Gewohnheit, mindestens einmal in der Woche um 10 Uhr schlafen zu gehen. Er wird sich wundern, wie glänzend dieser kleine Verlust an Zeit und Genuß sich ersetzt. Mit der Gewohnheit des Maßhaltens ist die Genußfähigkeit für die „kleinen Freuden" innig verknüpft. Denn diese Fähigkeit, ursprünglich jedem Menschen eingeboren, setzt Dinge voraus, die im modernen Tagesleben vielfach verkümmert und verlorengegangen sind, nämlich ein gewisses Maß von Heiterkeit, von Liebe und von Poesie. Diese kleinen Freuden, namentlich dem Armen geschenkt, sind so unscheinbar und sind so zahlreich ins tägliche Leben gestreut, daß der dumpfe Sinn unzähliger Arbeitsmenschen kaum noch von ihnen berührt wird. Sie fallen nicht auf, sie werden nicht angepriesen, sie kosten kein Geld! (Sonderbarerweise wissen gerade auch die Armen nicht, daß die schönsten Freuden immer die sind, die kein Geld kosten.)

Unter diesen Freuden stehen diejenigen obenan, welche uns die tägliche Berührung mit der Natur erschließt. Unsere Augen vor allem, die viel mißbrauchten, überangestrengten Augen des modernen Menschen, sind, wenn man nur will, von einer ganz unerschöpflichen Genußfähigkeit. Wenn ich morgens zu meiner Arbeit gehe, eilen mit mir und mir entgegen täglich zahlreiche andere Arbeiter, eben aus dem Schlaf und Bett gekrochen, schnell und fröstelnd über die Straßen. Die meisten gehen rasch und halten die Augen auf den Weg oder höchstens auf die Kleider und Gesichter der Vorübergehenden gerichtet. Kopf hoch, liebe Freunde! Versucht es einmal – ein Baum oder mindestens ein gutes Stück Himmel ist überall zu sehen. Es muß durchaus kein blauer Himmel sein, in irgendeiner Weise läßt sich das Licht der Sonne immer fühlen. Gewöhnt euch daran, jeden Morgen einen Augenblick nach dem Himmel zu sehen, und plötzlich werdet ihr die Luft um euch her spüren, den Hauch der Morgenfrische, der euch zwischen Schlaf und Arbeit gegönnt ist. Ihr werdet finden, daß jeder Tag und jeder Dachgiebel sein eigenes Aussehen, seine besondere Beleuchtung hat. Achtet ein wenig darauf, und ihr werdet für den ganzen Tag einen Rest von Wohlgefallen und ein kleines Stück Zusammenleben mit der Natur haben. Allmählich erzieht sich das Auge ohne Mühe selber zum Vermittler vieler kleiner Reize, zum Betrachten der Natur, der Straßen, zum Erfassen der unerschöpflichen Komik des kleinen Lebens. Von da bis zum künstlerisch erzogenen Blick ist die kleinere Hälfte des Weges, die Hauptsache ist der Anfang, das Augenaufmachen.

Ein Stück Himmel, eine Gartenmauer, von grünen Zweigen überhangen, ein tüchtiges

Pferd, ein schöner Hund, eine Kindergruppe, ein schöner Frauenkopf – das alles wollen wir uns nicht rauben lassen. Wer den Anfang gemacht hat, der kann innerhalb einer Straßenlänge köstliche Dinge sehen, ohne eine Minute Zeit zu verlieren. Dabei ermüdet dieses Sehen keineswegs, sondern stärkt und erfrischt, und nicht nur das Auge. Alle Dinge haben eine anschauliche Seite, auch interesselose oder häßliche; man muß nur sehen wollen.

Und mit dem Sehen kommt die Heiterkeit, die Liebe, und die Poesie. Der Mann, der zum erstenmal eine kleine Blume abbricht, um sie während der Arbeit in seiner Nähe zu haben, hat einen Fortschritt in der Lebensfreude gemacht.

Einem Hause, in welchem ich längere Zeit arbeitete, lag eine Mädchenschule gegenüber. Die Klasse der etwa Zehnjährigen hatte auf dieser Seite ihren Spielplatz. Ich hatte tüchtig zu arbeiten und litt jeweils auch unter dem Lärm der spielenden Kinder, aber wieviel Freude und Lebenslust ein einziger Blick auf diesen Spielplatz mir gewährte, ist nicht zu sagen. Diese farbigen Kleider, diese lebhaften, lustigen Augen, diese schlanken, kräftigen Bewegungen erhöhten in mir die Lust am Leben. Eine Reitschule oder ein Hühnerhof hätte mir vielleicht ähnliche Dienste getan. Wer die Wirkungen des Lichtes auf einer einfarbigen Fläche, etwa einer Hauswand, einmal beobachtet hat, der weiß, wie genügsam und genußfähig das Auge ist.

Wir wollen uns mit diesen Beispielen begnügen. Manchem Leser sind gewiß schon viele andere kleine Freuden eingefallen, etwa die besonders herrliche des Riechens an einer Blume oder an einer Frucht, des Horchens auf die eigene und auf fremde Stimmen, das Belauschen von Kindergesprächen. Auch das Summen oder Pfeifen einer Melodie gehört hierher und tausend andere Kleinigkeiten, aus denen man eine helle Kette von kleinen Genüssen in sein Leben flechten kann.

Jeden Tag so viel nur möglich von den kleinen Freuden erleben und die größeren, anstrengenden Genüsse sparsam auf Ferientage und gute Stunden verteilen, das ist, was ich jedem raten möchte, der an Zeitmangel und Unlust leidet. Zur Erholung vor allem, zur täglichen Erlösung und Entlastung sind uns die kleinen, nicht die großen Freuden gegeben.

# Rotes Haus

Rotes Haus, aus deinem kleinen Garten und Weinberg duftet mir der ganze Alpensüden! Mehrmals bin ich an dir vorbeigegangen, und schon beim ersten Male hat meine Wanderlust sich zuckend ihres Gegenpols erinnert, und wieder einmal spiele ich mit den alten, oft gespielten Melodien: Heimathaben, ein kleines Haus im grünen Garten, Stille ringsum, weiter unten das Dorf. Im Stübchen nach Morgen hin stünde mein Bett, mein eigenes Bett, im Stübchen nach Süden mein Tisch, und dort würde ich auch die kleine alte Madonna aufhängen, die ich einmal, in früheren Reisezeiten, in Brescia gekauft habe.
Wie der Tag zwischen Morgen und Abend, so vergeht zwischen Reisetrieb und Heimatwunsch mein Leben. Vielleicht werde ich einmal so weit sein, daß Reise und Ferne mir in der Seele gehören, daß ich ihre Bilder in mir habe, ohne sie mehr verwirklichen zu müssen. Vielleicht auch komme ich noch einmal dahin, daß ich Heimat in mir habe, und dann gibt es kein Liebäugeln mit Gärten und roten Häuschen mehr. – Heimat in sich haben!
Wie wäre da das Leben anders! Es hätte eine Mitte, und von der Mitte aus schwängen alle Kräfte.
So aber hat mein Leben keine Mitte, sondern schwebt zuckend zwischen vielen Reihen von Polen und Gegenpolen. Sehnsucht nach Daheimsein hier, Sehnsucht nach Unterwegssein dort. Verlangen nach Einsamkeit und Kloster hier, und Drang nach Liebe und Gemeinschaft dort! Ich habe Bücher und Bilder gesammelt, und habe sie

wieder weggegeben. Ich habe Üppigkeit und Laster gepflegt, und ich bin davon weg zu Askese und Kasteiung gegangen. Ich habe das Leben gläubig als Substanz verehrt, und kam dazu, es nur noch als Funktion erkennen und lieben zu können.
Aber es ist nicht meine Sache, mich anders zu machen. Das ist Sache des Wunders. Wer das Wunder sucht, wer es herbeiziehen, wer ihm helfen will, den flieht es nur. Meine Sache ist, zwischen vielen gespannten Gegensätzen zu schweben und bereit zu sein, wenn das Wunder mich ereilt. Meine Sache ist, unzufrieden zu sein und Unrast zu leiden.
Rotes Haus im Grünen! Ich habe dich schon erlebt, ich darf dich nicht nochmals erleben wollen. Ich habe schon einmal Heimat gehabt, habe ein Haus gebaut, habe Wand und Dach gemessen, Wege im Garten gezogen und eigene Wände mit eigenen Bildern behängt. Jeder Mensch hat dazu einen Trieb – wohl mir, daß ich ihm einmal nachleben konnte! Viele meiner Wünsche haben sich im Leben erfüllt. Ich wollte ein Dichter sein, und wurde ein Dichter. Ich wollte ein Haus haben, und baute mir eins. Ich wollte Frau und Kinder haben, und hatte sie. Ich wollte zu Menschen sprechen und auf sie wirken, und ich tat es. Und jede Erfüllung wurde schnell zur Sättigung. Sattsein aber war das, was ich nicht ertragen konnte. Verdächtig wurde mir das Dichten. Eng wurde mir das Haus. Kein erreichtes Ziel war ein Ziel, jeder Weg war ein Umweg, jede Rast gebar neue Sehnsucht.
Viele Umwege werde ich noch gehen, viele Erfüllungen noch werden mich enttäuschen. Alles wird seinen Sinn einst zeigen.
Dort, wo die Gegensätze erlöschen, ist Nirwana. Mir brennen sie noch hell, geliebte Sterne der Sehnsucht.

Zum Abschied

Was zwingt uns, künstlich zu sein, und was veranlaßt uns, natürlich zu sein?

Die meisten Menschen markieren den Übergang zwischen beiden Verhaltensweisen durch die Bewegung aus der Stadt in die Natur.

Stadt steht für vieles: Karriere, Eingegliedertsein in Arbeit, Enttäuschung, Verpflichtung und Konsum.

Natur steht auch für vieles: Erleben von Sinnlichkeit, Vergessen der Grenzen des Alltags, Ruhe und Entspannung.

Die Natur leuchtet verschiedenen Menschen ganz verschieden ein, je nachdem, aus welcher Welt sie kommen. – Ich bin für ein anarchisches Wachsen in der Natur und im Menschen. Ein verwilderter Garten, der aus menschlicher Sicht einem Chaos gleicht, fasziniert und beruhigt mich. Ich habe nie verstanden, warum man Unkraut ausreißt und „zivilisierte" Pflanzen züchtet. Ich bin für eine freie Entfaltung der Natur nach ihren eigenen Gesetzen und nicht nach unseren Vorstellungen. Jede noch so „unbedeutende" Pflanze soll wachsen und gedeihen. Es liegt an uns, zu lernen, auch das Unscheinbare zu lieben.

Die Bilder dieses Buches sind in den Jahren 1977 bis 1980 entstanden. Alle Aufnahmen fotografierte ich in einem Umkreis von sieben Kilometern um meinen Geburtsort Mistelbach, wo ich viele Wochenenden verbrachte. In diesen Jahren war für mich das Fotografieren nicht immer gleich wichtig. Oft war es eine enthusiastische Selbstverständlichkeit, samstags oder sonntags nach draußen zu gehen, um meine inneren Zustände in Bilder umzusetzen.

Heute betrachte ich diese Fotografie als eine Phase, die ich abgeschlossen habe, um eine neue beginnen zu können. Ich spüre in den Bildern meine seelischen Wachstumsschmerzen, aber auch meine Sehnsucht nach Ruhe und Ausgeglichenheit.

W. P.

Von diesem Werk wurde im Mai 1981 eine 1. Auflage von 8.000 Exemplaren, im Oktober 1981 eine 2. Auflage von 4.000 Exemplaren, im Februar 1982 eine 3. Auflage von 4.000 und im August 1988 eine weitere Auflage von 4.000 Exemplaren hergestellt.
Die graphische Gestaltung des Werkes sowie der Entwurf des Schutzumschlages stammen von Christian Brandstätter und Willy Puchner,
die technische Betreuung besorgte Franz Hanns.
Wir danken dem Verlag Suhrkamp, Frankfurt am Main, für die Genehmigung zum Abdruck der Texte von Hermann Hesse, die aus „Wanderung" (Copyright 1920 by Hermann Hesse. Alle Rechte vorbehalten durch Suhrkamp Verlag) und aus „Kleine Freuden". Kurze Prose aus dem Nachlaß (Copyright © Suhrkamp Verlag Frankfurt am Main 1976) stammen.
Die Aufnahmen für dieses Buch enstanden mit einer Mittelformatkamera (Mamiya RB 67) auf Kodak Ektachrome (200 ASA).
Das Buch wurde bei C. & E. Grosser in Linz gedruckt. Die Reproduktion der Abbildungen erfolgte ebenfalls bei C. & E. Grosser in Linz,
gesetzt wurde in der Garamond Antiqua, 14 auf 14 Punkt,
in der RSB Fotosatz Gesellschaft m.b.H. in Wien,
gebunden beim Wiener Verlag in Wien.
Alle Rechte, auch die des auszugsweisen Abdrucks oder der Reproduktion einer Abbildung, sind vorbehalten.
Copyright © 1988 by Christian Brandstätter Verlag & Edition, Wien
ISBN 3-206-01222-8
Christian Brandstätter Verlag & Edition Gesellschaft m.b.H. & Co KG
A-1080 Wien · Wickenburggasse 26 · Telephon (0222) 48 38 14-15

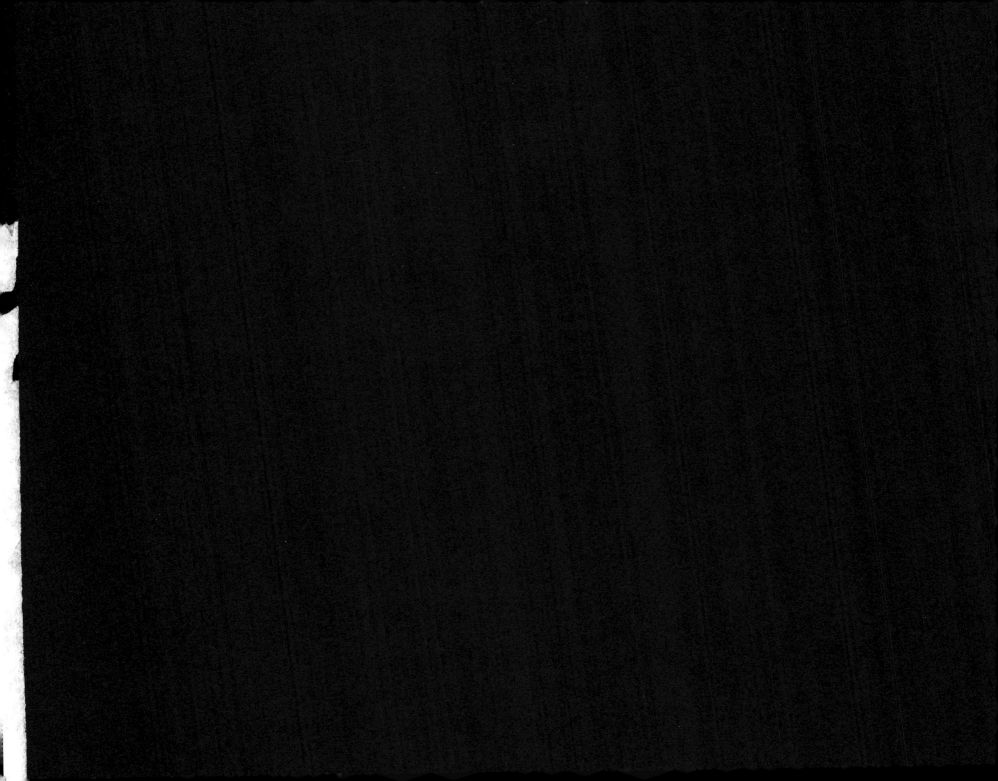